AF202346

Marlene Roeder

*Verwehte Horizonte*

Lyrik in drei Sprachen

Verlag und Druck:
tredition GmbH
Halenreie 40-44
22359 Hamburg

ISBN Taschenbuch
978-3-7482-6720-1
ISBN Hardcover
978-3-7482-6721-8
ISBN ebook
978-3-7482-6722-5

Bibliografische Information der Deutschen Nationalbibliothek:
Die Deutsche Nationalbibliothek verzeichnet diese Publikation in der Deutschen Nationalbibliografie; detaillierte bibliografische Daten sind im Internet über http://dnb.d-nb.de abrufbar.

You cannot not communicate
But can you?

# Inhalt

## GEDANKEN
## THOUGHTS
## PENSÉES

## ZUHAUSE
## AT HOME
## AU FOYER

FAST EINE LIEBESGESCHICHTE
ALMOST A LOVE STORY
PRESQUE UNE HISTOIRE D'AMOUR

LANDSCHAFTEN
LANDSCAPES
PAYSAGES

MÄRCHEN
FAIRYTALES
CONTES DE FEES

## UNTER MENSCHEN
## AMONG MEN
## PARMI LES HOMMES

*Gedanken*

*Thoughts*

*Pensées*

## Fröhlichkeit

Fröhlichkeit kommt von innen
Sagte die Schnecke
Und zog die Fühler ein

## Wanderlust

Ich nehme mir ein Schneckenhaus
Und ziehe damit um

## Langsamkeit

Langsamkeit wird gern überschätzt
Oft ist sie nur eine Alterserscheinung

## Muße

Denken erfordert Muße
Und keine Beschäftigungstherapie

## Geld

Die Gier nach Geld
Ist häufig der vergebliche Versuch
Das Loch im eigenen Herzen zu stopfen

## Geselligkeit

Geld kauft Geselligkeit
Ohne wird man langsam
Sein eigener bester Freund

## In der Fremde

Mittendrin
Und nicht dabei

## Die Kuh

Bislang ist immer alles gut gegangen
Dachte die Kuh
Vorm Schlachthof

## Creation

A thought creates the universe
And everything that's in it

## *Miracles*

Miracles are made in the mind
Magic is aught but a thought come
true

## Heaven and Hell

Life can be heaven
Life can be hell
The choice is yours to make

Men mourn their fate
Or laugh with joy
And both are proven right

## Lost

We are born
Star to stars
Eternal powerful and wise
Until our anxious minds
Confine our shrinking souls
To picket fences and pension plans
Until we doubt from whence we came
And whither we shall go

*Zuhause*

*At Home*

*Au Foyer*

## Das Kind

Allein gelassen
Hinter grauen Mauern
Eingekerkert in ein Gitterbett
Aus Stille und fernem Glockenläuten

Allein gelassen
Ihr Schreien hat niemand gehört
Zur Gesellschaft nichts als Tapeten
Die konnte sie von der Wand puhlen
Bis sie Fäustlinge verpasst bekam
Und gar nichts mehr spüren konnte

Allein gelassen
Wo waren die anderen alle
Kaum konnte sie laufen
Turnte sie aus dem Käfig
Und fiel die Trep
Pep
Pep
Pe
hinunter
Zwölf Stufen
Eine nach der anderen
Kopf voran ins Erdgeschoss
Immer wieder

Allein gelassen
Mit den Knoten in ihrem Bauch
Über Stühle gepresst
Stundenlang
Bis der Schmerz nachließ

Allein auf der Kellertreppe
Eingeschlossen mit dem Essen
aus dem Blechnapf
Von Haftanstalten

Allein in schmutzigen Kissen
Getränkt von Eiter und Blut
Gequält und fiebrig
Mit dem Tod als bestem Freund

Allein mit Albträumen
die sie nachts weiterjagten
durch ihr brennendes Haus
Bis die Ruinen sie unter sich begruben

Allein in der Schule
Die Stiefel alt und abgewetzt
Verloren in trostloser Verzweiflung
Und abgetragenen Lumpen
Zum Gelächter der Klasse

Allein mit den Schlägen
Die ihren Willen brechen sollten
Und die doch weniger schmerzten
Als die vernichtenden Worte

Allein ohne Hilfe
Rang sie ums Überleben
Im eigenen Haus
Und bezahlte dafür
Ein Leben lang

## Mother's Day

It was May 24
And the perfume of blood-red roses
Pervaded the hall
Where sunlight broke the crystal vase
Into rainbows on the floor
My father never forgot her birthday
But to this day I do not know if she
really liked red roses

My mother hated carnations
As much as I do chrysanthemums
For my graduation
She sent me three
Of the dreaded grave flowers
It came as a shock
That she knew me not
But no one ever found out
If she really liked red roses

She had a sister who loved her much
And mourned her death
With feeling
And in the church covered her coffin
With pink carnations
So in the end she knew her not

And now I will never learn
If my mother really liked red roses

## Die Marionette

Rechter Arm linkes Bein
*Eigentlich*
Linker Arm rechtes Bein
*Wollte ich*
Pirouette
*Eine bessere Welt*
Erste Position und plié
*Schaffen*
Pas de Bourrée
*Gerechtigkeit*
Rechter Arm linkes Bein
*Aber*
Arabeske
*Es reichte nur*
Linker Arm rechtes Bein
*Zum Überleben*
Verbeugung
Applaus

Hinter der Bühne
Werden die Fäden neu verknotet
Bis Tränen auf die geschundenen
Glieder tropfen
Lach doch mal
Fordert der Folterknecht

## Spiegel

Die Tage brachen mir in tausend
Stücke
Geschichten von Glas und Unglück
Und jede Scherbe
Zeigt ein anderes Spiegelbild von mir

## Schäfchen

Nicht immer das schwarze Schaf
Möchte ich sein
Weiß und weich wäre ich gern
Und gar nicht bockig im Bett
Nicht mehr sich wehren wollen
Seiner Wolle
Schaf

## Enthäutet

Den dicken Pelz den schützenden
In dem die Läuse nisten
Den tragen andere zu Markte

Was mich betrifft
Trifft tief

## Verbiestert

Weidwund
Zurückgekrochen in mein Versteck
Stets auf dem Sprung
Allen die Krallen ins Fleisch zu
schlagen
Als ginge es um mein Leben
Verbiestert eben

For Vivian

## The Wedding Wish of the Last Fairy

May your life be full of love and sorrow
May your life be full
There is no magic
But in blood and laughter
There is no salt on earth
But in tears

*Fast eine Liebesgeschichte*

*Almost a Love Story*

*Presque une Histoire d'Amour*

## Liebelei

Im Wiehengebirge zum Beispiel
Wo Weiden in der Nase kitzeln
Und Unkräuter
Wo gelbe Blumen am Bach blühen
Der eine lange Geschichte erzählt
Wo Kreise auf dem Wasser
Bäume tanzen lassen
Im honigschweren Mai
Wo meine Lippen Deine Haut
Spurlos streifen
Bei Kastanien-Kerzen-Schein

## Male

Jedes Mal
In sprachlosem Entsetzen
Wenn deine Hand sich mir entzieht
Höre ich nicht auf zu fallen
Gefühllos und blind

Bis es wieder Toast gibt
Und Marmelade
Und dich
Bis zum nächsten Mal

## Warten

Auch wenn der Braten
Schon schwarz wird
Warte ich
Leichten Herzens

Schweren Herzens
Wenn du gehst

## Hauspost

Ich beneide
Die Büroklammer auf deinem
Schreibtisch
Und würde gern mit ihr tauschen
Ich würde mich krümmen und biegen
Aber eine Büroklammer würdest du
wohl nicht lieben

## Fremd

Du hörst mir zu
Freundlich und fern
Und fragst nichts

Ich war gekommen
Vorbehaltlos vertrauend
Und fand einen Fremden
Zaudernd nehme ich mich zurück
Stumm verberge ich meine Zweifel
Und verschließe die Augen
Vor meiner Sorge
Dass dein Schweigen unsere Liebe
Beharrlich bestreitet

## Fragezeichen

Die Sonne scheint auf die letzten
Bunten Blätter vor dem Fenster
Du bist schon fort
Doch Tabakrauch hängt noch
Zwischen den Laken
Ich bleibe wie erstarrt
Zurück allein mit meiner Leere
Und meine Zukunft liegt im Kaffeesatz

## Treibsand

Wenn keine Zärtlichkeit mehr
Zwischen uns geschrieben steht
Und Wort auf Wort sich mauert
Verschüttet Sehnsucht mich
Wie Treibsand
Noch einmal in dir unterzugehen

## Geschichten

Geschichten von goldenen Wiesen
Erzählst du mir und Reagan-Zitate

Gehst und bleibst
Ungeachtet deiner Worte
Wahllos

Legst mir eine Margerite
Aus fremden Gärten
In die Hand
Und schlägst nach einer Umarmung
Die Tür zu
Aber das Ende findest du
Selbst nach all deinen Scheidungen
Nicht

## Unterlassung

Du kannst das alles nicht ertragen
Meine Hingabe
Meine Besessenheit
Meine Wut

Du willst keinen Schaden nehmen
Und lässt es lieber
Das Leben

## Bann

Taube Tage ziehen an mir vorüber
Dinge betreffen mich nicht
Vergessen sind
Ich weiß nicht welche Träume

Doch
Den Namen fand ich nicht
Dein Bild zu bannen

## Abwasch

Wir beguckten uns die Teiche im
Rhododendronpark
Bei Mondschein und Mückenstichen
Du sprachst von der Koalition
Von Liebe kein Wort

Wir wickelten Pasta um Gabeln
Mit Blick auf die Alter
Die Sonne ging unter
In der Tomatensauce
Ich wollte in dir untergehen
Doch du hattest dich verschlossen

Wir teilten unfertige Ideen
Die Arbeit und eine Grippe
In wenigen Sommermonaten
Ich teilte mich mit
Und du ließt es geschehen

Nun stehe ich vor einem Berg von
Abwasch
Manuskripten
Und leeren Weinflaschen
Und kann mich an deine Zärtlichkeit
Nur noch erinnern

## Spiele

Phrasen und Fragen
In fremden Sprachen
Mit ungleichen Regeln
Rede
Wendungen
Ausweichmanöver
Keine Berührungspunkte
Es hilft nicht
Wenn du mich in den Arm nimmst
Ich spiele schon längst nicht mehr mit
Und bleibe Dir unerreichbar

## Du

Du stehst zwischen meinen Zeilen
Du hast mir gezeigt
Wo zwischen meinen Worten
Das Komma fehlt
Aber in deinen Händen
Zerbricht meine Liebe
Und Tränen sind nur
Eiswürfel in einem Whiskyglas

## Spaziergang

Wo war es
Als ich zuletzt dich sprach
Und wann

Die Sonne schien auf Schnee wie heute
Und wir durchquerten einen Wald
Erinnerst du dich

Wir waren still
Am Stapel Rundhölzer
Nahm ich mir deinen Arm

Erdklumpen spröde und vereist
Hielten sich fest am entwurzelten
Baum
Weißt du noch

Die kalten Flocken fallen wieder
Doch nicht dir gehörte die Stimme
Die mich zurückrief

Wo war es und wann
Als ich zuletzt dir dachte
Was ich dir nicht sagen kann

## Träume

Auf welkes Laub
Wollte ich dir federleichte Verse
schreiben
Schneeflocken heimlich in meine Haare
weben
Tau und Tränen malen auf die Päonien
im Park
Wolkenträume wahren zwischen
Notenblättern

Lichter Regenbogen wollte ich dir sein
Und nicht die Tropfen am nächtlichen
Fenster
Deren Rätsel du nicht fasst

## Mit Maßen

Du hast bei mir stets einen guten
Namen
Mich aber
Versteckst du
Hinter meinen Initialen
Nicht grösser als deine
Liebe
wie klein muss die sein

## Jahrbuch

Wir haben die Zeit durchmessen
Du nanntest mich Marlene
Blass war der Bodensee
Tiefer nicht als die Endlichkeit
Die ich in dir versank

Unkräuter zwischen dir und mir in
Franken
Ausgekostete Spesen
Bach Bach Bach
Du schon am Gehen

Gealbträumte Spinnweben
Verfangen nicht Geliebtester

Konflikte der Koalition und Krise
Schäden, aus denen niemand schlau
wird
Dein Schweigen zwischen Buchseiten
Das Ineinanderstürzen
Nachthungrig

Tagesthemen
Meine hilfesuchende Hand
Für dich gesammelte Landschaften

# Bederkesa zum Beispiel

Lyrik versus Verheugen
Ich hatte keine Chance

## Abschied

Die Zeit verebbt
Und nur das Gehen gilt
Nicht das Gesagte
Der Punkt erst
Macht Beziehungen begreiflich

## Das dritte Jahr

Das dritte Jahr
Wächst nun das Gras schon
Über unsere alte Geschichte
Und wieder blühen die Wiesen
Das gleiche Licht
In Bremen wie in Bayern
Hüllt weich die Halme ein

Und der Prinz auf dem weißen Zelter
Jagt mich weiter
Über alle Wege der Welt

## Was zählt

Nicht
Dass du mich in Maßen liebtest
Nicht
Dass du flohst aus meiner Not
Das nicht

Was zählt ist einzig und allein
mein Spiegelbild
Das niemandem mehr gleicht

## *Episode*

Das Kapitel ist abgeschlossen
Es hieß du und ich
Und sollte das letzte gewesen sein
Doch mitten im Satz
Machtest du einen Punkt

Aber auch offene Rechnungen
schlagen zu Buche
Weiter hinten im Text

## Faust

Das schwarze Gretchen
Zerzaust
Mit dem Dolch
Bleich leidend
Caspar David Friedrich gleich

Das Bild verstaubt in zeitlos stillen
Tagen

Grete telefoniert nur noch selten mit
Goethe
Und liest lieber Lenz

Das Messer rostet neben dem Käse

## Wiedersehen

Ohne Absicht
Sahst du mich an

Da wollte ich nicht mehr wissen
Wie dünn meine Haut geworden war
Seit ich dich kannte
Und wie oft
Ich das Schloss auswechselte
Vor meinen Herzen

*Landschaften*

*Landscapes*

*Paysages*

## Schleswig-Holstein

Der Wind wuselt durch Roggen,
Eichenlaub und Pferdemähnen
Wahllos
Aufgescheucht flattern lichte Wolken
davon
Die nassen Schwämme bleiben
In unserem Land zwischen den Meeren
Mit dem weiten Grün zwischen Gräben
und Knicks
Wo die Schwarzbunten leben

Der Wind zupft am Reetdach der
Backsteinhäuser
Zerzaust die Astern und bringt
Bewegung in die Häfen
Gespickt mit durcheinander
wippenden Masten
Wie Rode Grütt unterm Löffel
Mal habe ich Butterblumen und
Grünkohl satt
Und fahre nach anderswo
Nur die Wolken gucken manchmal
nach
Ob ich noch da bin

Wieder zurück
setze ich mich in ein summendes
Rapsfeld
und erzähle einer heiseren Krähe von
meiner Reise

## Geese

They made a racket on the field
While feeding on young shoots
A hundred birds or maybe more
That came down from the North

Then two sat off to greener pastures
White wings up in the sky
They had a lot to talk about
And turned to face the friend
To chatter as they sped along
Not watching where they flew

## Bosau

Der See schiebt sich zwischen die
Bäume
Aprikosenfarben
Schwebt die Sonne im Dunst
Es duftet nach Roggen

Ein Stein fällt ins Wasser
Kreis um Kreis verwischt sich
Das Spiegelbild
Als wäre es nur ein Traum gewesen

## Im Fluss

Der Fluss zieht Akazienblüten und
Buchenlaub mit sich
Bärenklau und Brennnesseln
Wuchern an seinen Ufern
Auf sein Spiegelbild
Häufte Corot das Grün
Gesagt geschrieben und in Stein
gemeißelt
Halten wir fest
Was sich nicht fassen lässt

## Le Conte de l'Arbre

Tel un phénix
Né de ses cendres
Moi -
Fibre de la vie

Depuis l'aube de la terre
J'étrangle les démons en pierres
Mon ombre, ma lumière
Caressent des reflets tendres
L'apres-midi d'un faune
Ainsi que la barque d'Osiris

J'ai vécu dans
Des forets perdues
Dont ne demeurent que les os des fées
Aux fonds des mers

La lune se cache derriere mes épines
Couvertes des toiles d'araignée
Mouillées par mes larmes
Que les rêves ne secheront jamais

Moi -
Bois sculpté
Des pic-verts et d'artistes

Bâteau
Batisse
Boîte et bouquin
Buche des feus
Bâton de sorcier
Hautbois et flute enchantée

Je dure, j'endure
Immuable témoin des temps
Quoique les tempêtes farfouillent mes
feuilles
Quoique les chants et chansons
passeront

Phénix suis-je
Feu et flamme
Souffle de l'univers
Flamme d'enfer

Né de mes cendres
Fibre de la vie
Moi –
L'arbre

## Schloss Saché

Moos kroch langsam zwischen deine
Steine
Deine Hecken und der Rasen wurden
müde
Müde wurde auch dein grauer Turm
Drinnen
Spinnen
Fahle Fotos
Krumme Wände
Ein Fenster schlägt im Wind
Der Efeu raschelt an der Mauer
Draußen fängt es an zu dämmern
Und Grabeskühle zieht in den Salon

## Pebbles

I cast a pebble
It skims the water's surface lightly
Before it sinks with a plop
The deep pool trembles
But when the ripples subside
The stones remain
Embedded at the bottom
Of all dark waters
When long forgotten are those
Who played with them
Ages ago

## St. Paul de Vence

Der Pinsel
Mit dem du mich maltest
Trocknet im Licht
Von der gelben Wand
Flieht das Blau Matisse
Dein Stillleben
Und schwarze Oliven fallen in meinen
Schoß

*Blue*

No stained church windows
No cornflowers
Or sunlit ocean waves
Equal the blue of the dusk that day
Broken through prisms
Of glass upon glass
Filling a magic hour with light
That was not quite of this world

## Bali

Young rice bends in the breeze
Sending ripples blue and white
Through the mirrored sky
The sun swims in the glare
Heaven has come home

## Angkor

Wuchernde Wurzeln stürzten die
Göttin vom steinernen Thron
Feigenfinger liebkosten den greisen
Dämon
Hinter dem filigranen Paravent
Bis zur tödlichen Erschöpfung
Derweil Scheherezade sang
Von unlösbaren Rätseln

Massive Mauern fielen zur Erde
Schwellen streben dem Himmel zu
Türrahmen verwehren den Zutritt
Mit einem Seufzer versinkt die
Vergangenheit
Im Dunkel der Bäume

Grün ist die Rache
Spricht der Herr

## Am Kliff

Das Meer zerriss das Kliff
Brach liegt das Wurzelwerk
Des Blauschwingels
Unsicher rieselt der Sand unter
meinen Füßen

Ich erstarre
Der Boden bricht
Bricht nicht
Bricht

## Licht

Die Wolken werfen keine Schatten
Schaum huscht über den Sand
Weit und weiß schwemmen Wellen
Verwaschenes Strandgut
Zwischen die Buhnen
Fahle Farben verlieren sich im Licht

## Lichtspiele

Sonnenflecken wandern über Wellen
Gemalt auf silberne Meere
Wallfahrten sie in ferne Welten
Unberührt von stürmischer See

## At Sea

The clouds lay
Still without stirring
Like islands
In the silver sea
Silhouettes painted by the full moon
Shining out of the starlit vastness
Showing me where I belong

*Fish*

Starlight bursts out of the boundless
deeps
Shimmering travellers dance through
the sea
Masters of their own universe

## Spiegelbilder in Blau

Wie silberne Fische glänzen die Wellen
in der Mittagssonne
Wasserblau
Dreht sich der Planet im All
Gott aber weilt
Wo Himmel und Horizont sich treffen
In zeitloser Unvorstellbarkeit

## September

Der Sommer erschöpfte seine Träume
Schon spinnen Fäden sich
Um verblasste Blumen
Ackerduft und Rauch
Sind die Zeichen
Der welkenden Zeit

## Herbst

Dunst fällt auf die Fülle
Des Sommers
Die Erkenntnis macht betroffen
Licht hält inne
Schon welkt das Blattgold
Es naht die Zeit der Nüsse
Und kurzer kalter Nächte
Der Winter droht sich an

## Erntedank

Es ist Zeit
Für die Krone aus Hagebutten
Brombeer und weißen Disteln
Sieh die Sonnenblätter liegen schon
am Boden

Auf dem Speicher steht ein Korb bereit
mit Pilzen und Äpfeln
Kiefernzapfen und Fasanenfedern

Die Garben sind gebunden
Eingepackt in braunes Papier liegt
Das Alte Testament wieder an seinem
Platz

Die Jackentaschen links und rechts
Gefüllt mit süßen Pflaumen und
Nüssen
Mache ich mich auf
Über meinen Schatten zu springen

## Island

Land der liegenden Götter
Nachtklarer Seen
Und weißer Schatten

Zwischen den Welten
Zaudern die Schritte
Irrlichter weisen den Pfad
Zu Werwölfen und Weisen
Weiter durch frostschweren Nebel
Ins Ungewisse führt der Weg
Und nimmer mehr zurück

## Thyme in Winter

What padded paw trod on thyme
between stones
Where dew drops dream of pink
summer flowers
When laughter sang softly among
fragrant herbs
The sprig withered since on the blood-
stained shroud
Who reads the runes in the dead of
December
That smooth paws left in snow on the
mound

## Riddle

Question marks melt in the snow
We won´t ever comprehend
Fog floats over lake and land
Thirty-nine values of white
Count fickle fingers of light
Where brittle bones of men
Might rise anew every night

## *Snow*

Lights haunt the dusk with pale
reflections
Declining seventeen words for snow
Tracks lose themselves in frozen
valleys
A wanderer who stumbles on
Cannot be sure
Which way the village lies
And where the land of legends

## Uncertain Ground

Icicles drip down the swirling brook
Crafted by fleeting hands
But the bird is clearly mistaken
Nature still holds its breath
The long cold nights are yet before us
When stars sparkle far and near

Faltering footsteps grind through the
snow
Across riddles written in shadow
Way past the dried grains of grass

Furry horses feed on frozen herbs
The dark birches stand still in the
dusk
Dreaming of yet another world
Where the mountains meet the milky
haze
But they guard their secrets in silence

*Märchen*

*Fairytales*

*Contes de Fées*

## Zauber

Funkelnde Fäden tanzen im Nichts
Wirken Licht und Leben
Bis sie Rauchzeichen gleich
Im Schatten schwinden
Unsichtbar werden Worte zu Welten
Waffenschwer und wolkenleicht

## Märchen

Wenn Nacht an Winterzweigen hängt
Und Vergangenes sich im Schnee
verliert
Brennt ein Kamin in einem Haus im
Wald
Und während Scheid auf Scheid
verbrennt
Schreibe ich Märchen auf lose Blätter
Wahrer als jede Wirklichkeit

Es war einmal eine Hexe
Die in gar keinem Knusperhaus
wohnte
Wo sie ihre Opfer gefangen hielt
Die gar nichts zu Knuspern bekamen
Da war ihre ängstliche Sklavin
Sie hinkte auf einem Bein
Sie wurde beschimpft gehetzt und
gepiesackt
Missbraucht als Arbeitstier und
Folterknecht

Auch ihre bitterste Feindin
Hatte die Hexe dort festgesetzt
Ein Kind nur

Aber mächtiger als sie
Da musste sie keinen Spiegel befragen
Das Mädchen mit ihrem Zauber
Könnte die schönen Pläne der Alten zu
Nichte machen
Welch ein Graus
Wie von Dämonen besessen verfolgte
sie deshalb
Das Kind mit ihrer Wut und ihren
Flüchen

Zuerst sperrte sie die Kleine in einen
Käfig
Wie ein wildes Tier fern aller Welt
Und hoffte sie würde sterben
So einsam und ohne Hoffnung
Doch die kleine Zauberin
Wuchs mit ihren Aufgaben

Dann musste ihre Sklavin sie quälen
Mit Giften aus der Hexenküche
und Schlägen bis sie nicht mehr
konnte
Zu den Verwünschungen der Hexe

Dabei vergaß die Alte ganz
Dass jeder Zauber seinen Zoll fordert
Und mit den Jahren

Fing die Hexe zu schrumpfen
Vom Birne zu Bohne zu Binse
Schwand sie dahin
Bis sie an ihrem Hass zuletzt
Zugrunde ging

Die Sklavin überlebte eine Weile
Und siechte krank und kränker
Im Hexenhaus dahin
Am Ende wurde sie
Von ihrer eigenen Angst gefressen

Das Kind aber wuchs heran
Und zauberte sich ein volles Leben
In allen Ecken der Erde
Auf sieben Weltmeeren
Und zwischen glitzernden Sternen

Es war wie im Märchen

## The Storyteller

Under a grass-roof live I
At the icy end of the sea
Neither young nor old
Forging swords and songs

Along the ways of the wide world
Turning moss and stone
At the roots of trees and mountains
And in the darkness under stars
I found a treasure long forgotten
A wisdom withered I relearned

Where no sound echoes through the
waves
I cast the spell and sing
And wasted tears and love remembered
I weave into my song

*Spell*

Wind sea and earth
Slay and give birth

Shroud of the dead
Cover my head

Man's bone and flesh
Turn into ash

Ash dust and sand
Rise from the land

## Blanc

Blanc comme le jour
Blanc comme la lune
Blanc comme la magie
Blanc comme la femme de tes rêves
Blanc comme les spectres de tes
cauchemars
Qui étendent leur griffes osseuses
Pour t'emmener a l'enfer
Blanc comme le drap du lendemain
Comme la neige de Noel
La mariée qui était trop belle
Blanc comme sa peau
Et le marbre de son tombeau

## The Shape-Shifter

Shape-shifter am I
Twig of oak
Before the silver sickle
Wing of the west wind
Ripple on dark water
Under stars
Rock under roots
Serpent of legend
Young as the dawn
Ancient as the night
Path of power
Timeless wisdom
Ashes to gold
Never-ending song am I

## The Goddess Kali

Gongs and frankincense
You know
Snakes at my bosom
My children
Skulls under my feet
You fear

Woman am I
The Unknown
Giving birth
To babes and to stars

The hand that holds you in keeping
And the shroud of the dead
At the end of all worlds

*Fear*

Woken by whispers in the night
You feel the bony fingers of an ancient
fear
Groping for your soul
A brittle shriek loses its voice
Crumbling like withered lace and
wilted leaves

A cold breath creeps through a window
Fallen twigs crack in the deepening
dark beyond
Untold horrors rent your mind
Until a doubtful dawn descends upon a
wary world

## Nightfall

A red hunting moon
Vanishes in the December dusk
Fog creeps down from the mountains
Dooming hills and vales to nothingness
Uneasiness rustles the dead leaves
Of brown oak and beech
As the hunter stalks its prey
Before night embraces us all

## The Raven

Winter reclaimed its island realm
Silently dreams the land
Chill run the rivers to ice floes at sea
Sheltered are sheep in their sheds

Let me not speak of men

Translucent clouds yet play in the sun
I feel the wind in my wings
From fjallagroes clefts
To Snaefell's high peak
I soar in the freedom above

But I do not answer to men

Past the gate near the stone
I slip in the dark
And grow tall fair and wise
Mighty am I in the council of elves

Master of spells in disguise

I do not speak to men

## The Romance of the Raven King

Magician!
With eyes that speak of fading leaves
Your pale face haunts my dreams

You can halt the world
With a touch of your hand
And fly away on a wing

For thousand years
On your black throne
Your power never waned

Let me drown in the rain
Of your raven hair
And follow where no man can go

*Unter Menschen*

*Among Men*

*Parmi les Hommes*

## Momentaufnahme leicht verwackelt

Du bei der Palme
Es war Nacht
Am Wüstenhimmel funkelten
Diamanten
Die kleinen höchstens 0,3 Karat

Du musst mich bemerkt haben
Auf der Schwelle
Im Gegenlicht
Blende 2,8 mit Blitzlicht

Im Türrahmen sah ich nur Deinen
Schatten
Ich war damals schon kurzsichtig
Minus 2,0 Dioptrien

Der Abend war warm
102 Grad Fahrenheit
Wir waren ja in Amerika

Beinahe wäre ich auf der Treppe
gestolpert
So sehr habe ich mich gefreut
Sie war auch nicht beleuchtet

Ich hätte stehenbleiben sollen
Hier
An dieser Stelle

## En Suspens

Il pleut
Peu a peu
Le soleil pâlit
Le ciel tombe
Silencieusement

J'attends

## Mermaid

This is the bridge
To the salted fish country
With the salted fish tower
On the salted fish sea
Where you have been
With your salted fish lover
And not with me

## Indian Joe

Termiten wandern
Durch meinen Kaffeekrug auf dem
Geländer
Wolken blähen sich über dem Wasser
Glatt und weiß wie die Muschelaugen
der Maske
Grinsend nach dem Schlachtfest

Deinen Schweiß noch einmal
Indian Joe
Auf meinem Mund

## Sing Sing

Rote Federn
Im Qualm der Hütte
Und geschminkte Gesichter
Sing Sing

Im Dunkel will ich dich halten
Unter den Sternen
Und dir die leuchtenden Fische zeigen
am Strand
Pai Waya

Trink diesen Liebeszauber
Verschütte ihn nicht
Ach
Schon tropft er auf die Erde
Und verrinnt im Sand

## Erinnerung

Nicht mehr die südliche Milchstraße
Mit ihrer greifbaren Unendlichkeit
Und dem Duft von Ingwer und toten
Schweinen
Die Schatten vor den Scheinwerfern
Verschmelzen und vergehen
Dich aber sehe ich noch heute vor mir

## Remorse

The butterfly came dancing
I pierced its heart
Oh could I undo it

## Vergehen

Deine Haut hat sich mir eingeprägt
Wie Meeresboden in werdenden
Kalkstein
Der Wandelbare erinnert sich lange
Bis er sich endlich im Wasser verliert

## Das Kartenhaus

Der Bube der böse
Lugt hinter dem König hervor
Die Dame sieht nichts

Pik As fällt aus einer Manschette
Der König macht einen Scherz
Die Dame sieht nichts

Bilder um Bilder umdrängen die Dame
Fürsten und Buben
Aus wie vielen Spielen
Immer bunter wird das Treiben

Der König dieser Bube
mischt auf
tischt auf
schneidet auf
Die Dame merkt nichts

Eine Tür weht auf
Der Lufthauch macht das Kartenhaus
zunichte
Erstaunt sieht die Dame sich um

## Anspruchsvoll

Groß blond und schlank
War sie
Anspruchslos
Noch fast ein Kind
So machtest du ihr eins
Und entsorgtest mich mit dem Müll
Aus leeren Hülsen und Platzpatronen
Verglühte Überbleibsel
Vom großen Feuerwerk unserer Liebe
Vor all den Jahren

Doch niemand holte mich ab

So saß ich noch lange auf dem
Bordstein
Vor unserem Haus
Und fühlte mich alt

Und erinnerte mich
An die guten Zeiten
Die wir hatten
Bis du dich
Ganz allmählich
Von mir zurückzogst
In deine Männerwelt

In der Frauen nichts gelten

Und nun verpasst du
Die Hälfte des Lebens
Wie schade

## Eilfertig

Zu schnell
Zu tief
Getroffen

Zu schnell
Getröstet
Zu langsam
Gelernt

## Aneinandergereiht

Kontinente mit dem Flugzeug
Bohnen Birnen und Speck
Orchideen im Topf
Träume im Kopf
Und ungedeckte Schecks
Auf der morschen Bank
Auf der ein Spatz spaziert

Sekunden mit dem Zeiger der Uhr
Von Cartier

Rachmaninoff Rechtfertigung
Und Kräuterkäse
Lachen im Löwenzahn
Worte und Umwege
Kilometersüchtig

Momente und Menschen
Mit der Haut

Meiner Haut
Die noch auf keinem Markte hängt

## Adressbuch

Eingezwängt in graue Rubriken
Stehen Namen neben Nummern

Die Daten dauern
Doch die Menschen werden blasser
Mit jeder neuen Zeile

## Passages

Plunder and rags
Tattered and torn
Thrown back and forth by the tide

The salt of the earth
In my words and my wounds
Dried by the sun at long last

The many paths trodden
The countless goodbyes
The works undertaken
Fade in the dark of the night

## Mdina

Ornate palaces
Clustered like Rubik's cube
Jealously guard fragrant gardens
Behind massive battlements

Starlit through fleeting clouds
The silent city remains
Locked and barred
Closed to friends and foes alike

## Out of Tune

Never so near the withered rocks
Never so clear the hills
Never so lavender-blue the woods
Never so veiled the apricot light
Fading away in the west

Never so rough the peeling paint
Never so gritty the stones
Never so harsh the unspoken truth
Locked behind doors and fair words

## Tauschware

Für eine Frau gibt es
Ein Leopardenfell am Amazonas
Ein Pferd in Ägypten
Fünfzig Ochsen in Kenia
Eine Million Yuan in China
Schläge in Indien
Wenn es an der Mitgift mangelt
Eine Morgengabe
Mit gut Glück
In Europa
Einen Ehevertrag in den USA
Eine andere Frau im Fernsehen
Und fünfzig Euro die Nacht
Überall auf der Welt

Mehr sind wir uns nicht wert

## Monopoly

You make the rules
By stealth
In the dead of the night
You break the rules
In broad daylight
Accomplice to criminals
You occupy Park Lane
And with fair words and promises
Bankrupt the other players
Your people
Who are your sovereign
No longer

Winner takes all
Bravo Berlin

## Der Journalist

Zuhören kann er nicht so gut
Reden kann er viel besser
Bei Japan fällt ihm sofort China ein
In China war er schon
In Japan noch nicht

Immer weiß er alles
Besser
Das ist einfach so
So einfach ist das

Kommt hoher Besuch
Formuliert er fein
Und begräbt dessen Leichen
Zwischen den Zeilen
Noch etwas Lachs?
Der ist auch schon tot

Und geht heim und erklärt die Lage der
Welt
All denen die zuhören können

## Recherche

Konspirative Treffen
In unbeleuchteten Treppenhäusern
Der Blitz der Kamera
Von Verfassungsschützern
Fluchtartiges Verlassenwerden
In Kaffeehäusern
Also war er doch ein Spion
Liebesgrüße vom MAD
Sie kannte das Passwort
Der Spiegelaffäre
Gefunden beim Pilzesuchen
Nebst Pfifferlingen
Der maskierte Mann
Der aus einem Busch sprang
Gehörte nicht einmal dazu
Wohl aber Warnungen vor einer
Neugier
Die leicht zum Tode führen könnte
In Deutschland bei einem
Wirtschaftsthema
Soweit die Nachrichten
Und nun das Wetter

## Risk

I wanted everything
The peaks
The rocky fortress in the sky
The lonely tower under stars
I ventured all and won

I wanted everything
The gorges deep
Where no moon shines
And all song dies in darkness
I ventured all and lost

So after all that happened
There is no way back
To the house
Among the rolling hills
Where wheat bends in the breeze
A brook murmurs through trees
And trips lead to the pub next door

There is no way back
For a stranger to this land
And all others

## Der Spieler

Gerade kam rot
Er zwängt sich auf einen Stuhl
Und setzt auf schwarz
Die Kugel rollt
Sie scheint
Zu schweben
Unentschlossen
Zwischen rot und schwarz
Dann fällt sie
Auf rot
Der Spieler verdoppelt
Die Kugel hüpft
Über die Zahlen
Das Rad dreht sich
Immer langsamer
Sein Herz schlägt
Immer schneller
Rot
Er schüttelt den Kopf
Sechsmal rot in Folge
Er weiß
Alles Zufall
Und fummelt nach Jetons
In seiner Jackentasche
Zu spät

Rien ne va plus
Die Dame neben ihm lächelt ihn an
Er sieht nur seine Chips
Und setzt auf schwarz
Die Kugel lässt sich fallen
Im schwarzen Fach
Und springt weiter
Auf rot
Das kann doch nicht sein
Längst nicht mehr Herr seiner Gefühle
Will er es wissen
Und setzt beharrlich auf schwarz
Und wieder kommt rot
Er setzt auf schwarz
Wie im Rausch
Und versteht sich selbst nicht mehr
Die Welt ohnehin nicht
Längst hätte schwarz kommen müssen
Also kommt es gleich
Denkt er
Und glaubt selbst nicht mehr daran
Dennoch spielt er weiter
Und setzt stur auf schwarz
Irgendwann wird er Recht behalten
Doch das Roulette hält ihn zum Narren
In seinen Taschen sucht er nach Geld
Er findet keines mehr
Und steht auf

Und sieht sich noch einmal um
Da fällt die Kugel auf schwarz

## Sandcastle

My castle washed away with the tide
Only riddles remain in the sand
I stand and watch yet another deluge
On the threshold of sea and land
And sigh at the loss like so often before
And dust myself up one more time
And hope that one day my building will
last
Withstanding wind waves and tide

## Auf der Suche nach der verlorenen Zeit

Wo ist sie hin
Eben war sie doch noch da

Zu Ostern waren wir pleite
Reims sans sous
Unsere 15 Centimes reichten nicht mal
Für den Eintritt zum Stadtpark
So wanderten wir in den Wald
Und kamen an in einer verzauberten
Märchenwelt
Von Teppichen aus weißen Anemonen
Unter uralten Bäumen
Jung waren wir da und glücklich

Und jetzt sitze ich vor einem grauen
Schreibtisch
Und meine Haare werden weiß
Wo ist sie geblieben
Die Zeit
Unter meinen Denkzetteln vielleicht
Nein

Dabei ist doch gerade noch
Mein Geliebter über den Efeu am Haus

Zu mir hinauf geklettert
Eine Rose im Mund
Während unten die Dorfhunde bellten

Dreißig Jahre soll das her sein
Unmöglich
Wo ist die Zeit geblieben
Neben dem Telefon etwa
Oder hinter dem Bildschirm
Mit den Computerspielen
Nein auch da ist sie nicht

Mit geschlossenen Augen
Habe ich das Bild klar vor mir
Auf der Schwelle der nächtlichen
Urwaldgeräusche
Schimmerte orangefarbenes Licht
Durch den Dunst des Kinabatangan
Als wir den Fluss hinaufpaddelten
Zu den Nasenaffen im Busch
Und dem silbernen See
Der wie von Feenhand
Den werdenden Morgen widerspiegelte

Moment
In der Schublade habe ich noch nicht
nachgesehen

Doch die ist bis auf ein paar alte
Emails leer
Wie schade

Noch ist sie voller Fackelschein
Die Hütte mit den bemalten Tänzern
Noch spüre ich die Wärme des Feuers

Aber ich weiß
Irgendwann wird er für mich
verblassen
Der Sternenhimmel des Hochlands
Von Neu Guinea in der pechschwarzen
Nacht

Doch bevor ich die Reisen
Über die stürmischen Weltmeere
Mit zerbrochenen Tellern Rippen und
fliegenden Teekannen
Ersetzen muss durch gemächliche
Flusskreuzfahrten
Mit anderen Rentnern
Und ich das luftige Baumhaus am
Okavango-Delta
An dessen Decke die winzigen weißen
Zwergfledermäuse
Träge gähnten und ihre Flügel
spreizten

In ein Bett auf der Pflegestation
tauschen muss
Gebe ich sie auf die Suche nach der
verlorenen Zeit
Und ziehe ein letztes Mal die Haustür
hinter mir zu
Um all den weißen Flecken auf meiner
Landkarte
Buntes Leben einzuhauchen

## Verwehte Horizonte

Gleißend lockt das Meer
Hinter weißen Schaumkronen
Mit seinem unfassbaren Horizont
Der sich stets entzieht
Bis nur ein Flüstern bleibt
Von seinen endlosen Geschichten
Und nicht gehaltenen Versprechen

Längst ist mein Traumfänger
zerfleddert
Und mein vertrauter Gefährte
Mit seinem klapprigen Skelett und
stets bereiter Sense
Hat manch eine Bruchlandung
Meines fadenscheinigen Teppichs
miterlebt
Noch nicht noch nicht

Gerade erst habe ich die Fallstricke
zerschlagen
die sich um meine Beine schlangen
Auf den verwunschenen Wegen der
Welt
und den Fluch gelöst der mein Herz
gefangen hielt

Und wieder höre ich die Wellen in der
Ferne singen
Noch ist es Zeit ein Mensch zu werden

Noch kann deine kalte Knochenhand
Zärtlich Salz und Tränen
aus meinem zerfurchten Gesicht
wischen
Ähnlicher einem zu oft gebrauchten
Pergament
Als der Frau die ich einst war
Blass selbst im Fahrtwind der Ozeane
Soviel Zeit ist schon verronnen
Sag nicht die Reise war vergebens
Sag es war schön trotz allem

Gleißend lockt der Horizont
In der Gischt von Wind und Wellen
Auch wenn unser lecker Kahn
schon langsam voll läuft
Werde ich ankommen
Bei mir
Bei dir

Zeitfracht Medien GmbH
Ferdinand-Jühlke-Straße 7
99095 Erfurt, Deutschland
produktsicherheit@kolibri360.de